내게도
돌아갈
곳이
생겼다

가장 사적인 한국 여행 01
경상북도 울진군

내게도
돌아갈
곳이
생겼다

노나리
에세이

차노긔

차례

펼치는 말 : 미지의 세계에서 그리운 남의 고향으로　　006

엄마와 나의 바다　　012

5일장 데이트　　020

겨울 산촌 탐험　　027

농촌의 봄은 참 부지런하기도 하지　　036

개구리와 뱀　　042

추억은 조각조각　　050

짧은 이야기 셋　　056

부처님 그림자　　061

문학소녀 전중기　　066

울진 청년 전진수 씨　　069

화성리 친가	074
뿌리 깊은 당신	076
나를 살찌운 밥상	085
그때 그 사람들	093
내 안에 남은 울진	098
할 수 있는 일	101
그해, 우리의 하루	105
접는 말 : 안녕, 울진	112
가장 사적인 울진 사진첩	116
조금 덜 사적인 울진 이야기	128

펼치는 말

미지의 세계에서
그리운 남의 고향으로

"야, '울진' 하면 딱 뭐부터 떠오르냐?"
"야, 정말 암것도 안 떠올라. 미지의 세계여."

'미지의 세계'. 공감한다. 나 역시 연고지가 아니었더라면 아마 울진이 어디쯤 있는지조차 헷갈렸겠지. 퍼뜩 떠오르는 관광지나 특산물, 사건·사고도 딱히 없어 외지인으로선 알게 될 계기 자체가 드문 곳. 그래서 여기를 일 년간 여행했다는 이야기를 꺼낼 적엔 항상 노파심에 자문자답한다. "경북 울진이라고 혹시… 모르시겠죠? 동해안에 있는 농촌이자 어촌이자 산촌인데 대충 강릉이랑 포항 사이이고요, 대게도 있고 원자력 발전소도 있어요. 껄껄."

울진은 내 아버지, 어머니의 고향이다. 매해 설과 추석에는 읍내에 있는 외가를 경유해 화성리의 친가에 갔다. 귀성길 차량 정체는 괴로웠고 재래식 화장실은 몸서리쳐졌으며 명절 상차림을 돕는 건 귀찮았다. 그래도 밤하늘 곧 쏟아질 듯한 별구경이나 맑고 차가운 공기, 아궁이에 불을 때며 나무 타는 냄새를 맡는 건 좋았다. 내게 딱 그 정도의 추억과 의미였던 울진. 그러다 대학 코스모스 졸업을 하고 늦깎이 취준생이 되면서 울진과 나 사이에 전혀 새로운 국면이 도래했다.

반복되는 서류전형 탈락으로 좌절하면서도 그린란드 여행기를 엮은 첫 책을 막 출판하며 고무돼 있던 묘한 시기였다. 그래서 어차피 잘 안 될 취업 대신 또 다른 여행책을 쓰는 게 낫겠다는 순진한 발상을 하고 말았다. 새로운 여행지 후보는 대구와 울진이었는데, 저 이역만리 북극을 다녀왔으니 이제는 나와 가장 가까운 지역 즉 나의 고향 대구 혹은 내 부모님의 고향인 울진에 대해 적어야 수미쌍관이 맞을 것 같아서였다. 그중에서도 내게도 친가·외가를 제외하면 미지의 세계나 다름없었던 울진에 마음이 더 기울었다.

2010년, 그렇게 막무가내로 울진 여행을 시작했다. 울진 읍내 외가에 진을 치고 일 년에 걸쳐 이 고장의 모든 읍과 면을 훑었다. 동네 사람들을 만나고 마을 행사에 참여하고 사계절을 목격했다. 서툴지만 열심히 사진을 찍고 메모를 했다. 그러나 그때는 끝내 책을 쓰지 못했다. 왜 못 썼나, 쓰려고 떠난 주제에 못 썼으니 안 떠남만 못한 게 아닌가, 번민하며 스스로를 책망하기도 여러 해. 뒤늦게나마 남은 기록들을 뒤적여 새 글로 하나둘 옮겨 가는 이제는 조금 알 것도 같다. 시간이 필요했다는 걸. 오히려 긴 잠에도 숨 죽이지 않은 이야기들만 가려 꿰어낼 수 있는 지금이야말로 어쩌면 이 책을 엮기에 가장 적합한 때라는 걸.

울진 구석구석을 다닌 그 일 년 동안 '향수'라는, 전에 몰랐던 감정을 배웠다. 정작 내 진짜 고향인 대구에 대해서조차 한 번도 느껴보지 못한, 그립고 애틋한 마음. 구체적인 계기가 무어냐고 묻는다면… 솔직히 잘 모르겠다. 그냥 어느 순간부터 서서히, 물드는 낌새도 없이 슥 물들었나 보다. 내 것인 양 되었나 보다.

삶에 지칠 때 나는 이제 울진을 떠올린다. 울진 바다를, 계곡을, 5일장을, 논과 밭을, 골목길을, 들바람을, 동네 곳곳을 지키고 서 있던 나무들을, 오가며 마주친 이들과 개와 고양이들을, 그리고 외갓집과 할머니의 얼굴을 떠올린다. 돌아가고 싶은 곳, 보고 싶은 사람이 생겼다는 것. 그것만으로도 내게 10년 전 그 한 해의 의미는 차고 넘친다.

미지의 세계에서 그리운 남의 고향으로. 강산이 한 번 변할 세월이 지나고도 여전히 내 안에 또렷한 울진의 흔적을 그러모은 이 책을 통해 여러분에게도 울진이 그렇게, 낯은 설지만 어쩐지 푸근한 곳으로 다가갈 수 있었으면 좋겠다. 떠올리는 것만으로도 잠시 숨통이 트이는 이 기분이 조금이나마 전해진다면, 더 바랄 게 없다.

엄마와 나의
바다

끽해야 망양정 해수욕장이나 후포 해수욕장, 그리고 죽변항이 내가 알던 울진 바다의 전부였다. 그나마 해수욕장은 명절 귀성길에 차창 밖으로 스치듯 보거나 이따금 차 세우고 내려서 구경하는 정도였고 죽변항은 외식하러 횟집에 갔다가 횟집 앞바다를 내다보는 식이었다.

일 년간 머무는 동안 비로소 울진 바다를 제대로 만났다. 늘 지나치기만 했던 어촌들에 처음으로 제대로 발을 디뎠다. 특히 근남면과 매화면에 걸쳐 나란히 붙어 있는 산포리, 진복리, 오산리 어촌은 첫눈에 반해버려 여행 내내 풀 방구리에 쥐 드나들듯 드나들었다.

날것의, 투박한 이 세 어촌의 바다가 좋았다. 자갈 섞인 불친절한 모래톱, 툭툭 불거진 바위에 부딪혀 사납게 으르렁대는 파도의 가공되지 않은 보석 같은 아름다움이 좋았다. 해수욕에 그다지 적합하지 않아 관광객이 드문 덕택에 여기서는 거의 항상 바다를 독대할 수 있다는 점도 좋았다. 그런 거친 바다 주제에 또 물빛은 한없이 고운 쪽빛이라, 그 대비감이 좋았다. 좋은 것투성이니 그저 좋을 수밖에. 해변에 길게 누워 시시각각 다르게 물드는 물색을 감상하며 핸드폰에 그날 치 파도 소리를 녹음하노라면 세상 부러

울 게 없었는데, 아… 이걸 적고 있는 지금 이 순간도 다시 돌아가고픈 생각이 간절하다.

바다 신선놀음을 하다 둑 너머 1차선 도로 하나만 휙 건너면 곧장 마을이다. 막상 가보면 바닷가 아닌 데서도 흔히 볼 법한 동네들 같다가도 문득문득 '아, 여기 어촌이지' 깨닫는 순간들과 맞닥뜨린다. 빨랫줄에 아무렇지도 않게 나란히 널어 둔 한 쌍의 고무장갑과 한 쌍의 오징어라든지, 그 오징어 한 쌍이 옥색 신발장에 드리운 귀여운 그림자, 바닷가 둑 위에서 말리고 있는 빨간 고추, 꽃나무 옆에서 꽃보다 더 화려하게 핀 채 건조되고 있는 생선들, 한 줄로 꿰어다 걸어 둔 살구색 생선 토막들이 해 저무는 바다 하늘과 기막힌 색 조화를 이루는 장면 같은 거.

산포 바다도, 오산 바다도 좋지만 진복 바다는 좀더 애틋하다. 엄마가 젊은 선생님일 적 진복국민학교에 발령받아 근무했던 이야기를 들어서다. 이야기하며 들떠 있던 엄마의 표정과 목소리가 생각나서다. 손수레 하나에 이삿짐을 몽땅 싣고 읍내 외가에서부터 여기까지 외삼촌들과 함께 밀며 끌며 왔었다고. 늦은 밤 혼자 깨어 있을 때 자취방 창문 너머 아득히 들려오는 파도 소리가 좋았

다고. 그래서 도시의 아파트에 사는 지금도, 도로 위로 차들이 쌩쌩 달리며 내는 소음이 창틈으로 웅웅 새어 들어올 때면 '파도 소리인가 보다' 생각하려 한다고. 진복 사는 동안 밥반찬으로 먹었던, 읍내 살 적엔 한 번도 못 먹어본, 엄청 비리고 싱싱한 고등어 젓갈이 요즘도 가끔 생각난다고. 일과가 끝난 늦은 저녁, 마을 사람들과 힘을 합쳐 바닷가 모래를 퍼나르며 맨손으로 지어 올린 진복교회의 추억이 소중하다고.

울진을 여행하지 않았더라면 엄마와 진복 이야기를 나눌 일이 있었을까. 들려준들 무슨 얘기인지 알아먹었을까. 아마 진복이라는 지명조차 한 귀로 슥 흘려버리지 않았을까. 몇십 년 전 내 또래의 엄마가 이 바다 앞에 서 있는 상상을 하며 혼자 괜히 울컥한다. 엄마, 나 아무래도 이 여행 하길 잘했나 봐요.

울진 한 해 살이가 끝나고 몇 해 뒤 진복을 다시 찾았을 때 이곳은 어머니의 추억을 거치지 않고도 내게 충분히 애틋한 바다가 됐다. 읍내와 진복을 오가는 버스는 배차 간격이 드문 터라 혹시나 하는 마음에 버스 기사님께 돌아가는 막차 시간을 확인한 게 계기였다. 마을 구경도 하고 바다 구경도 하며 느긋하게 놀다가 문득

찻길 쪽을 돌아봤는데 버스 타는 지점에 선 교통 표지판에 웬 종이가 한 장 바람에 덜렁거리고 있었다. 다가가 보니 기사님이 집게로 집어 놓고 간 메모였다.

막차는 오후 5시 30분이 아니고 오후 6시 20~25분입니다. 죄송합니다. _버스

외지인에게 막차 시간을 잘못 알려준 걸 퍼뜩 깨닫고, 혹시 막차를 놓치거나 주구장창 기다리면 어떡하나 걱정하다가 펜과 종이를 가져다 메모를 하고, 집게를 찾고, 버스를 잠시 세워두고 표지판에 집게로 메모를 물려 놓고, 제발 내가 이 메모를 발견하기를 바랐을 기사님 생각에 배시시 웃음이 났다.

울진은, 울진 버스는, 진복 바다는 내게 왜 이리도······.
사랑하는 나의 바다. 나는 이 순간을 오래오래 잊지 못할 거야.

막차는 오후 5시 30분이 아니고
오후 6시 20~25분입니다.
죄송합니다.

5일장
데이트

매월 2와 7로 끝나는 날 그러니까 2일, 7일, 12일, 17일, 22일, 27일 아침이면 할머니 따라 밖을 나선다. 울진 5일장 장날이다.

철철의 농산물과 해산물이 난전에 와르르 펼쳐진다. 다양한 볼거리에 똥강아지마냥 흥이 오른다. 친가와 외가 둘 다 어업에 종사하지 않았던 터라 내겐 영 익숙지 않은 울진의 어촌다운 면이 여기저기 슬쩍슬쩍 드러나는 게 재미있다. 이를테면 생선을 옷걸이나 전봇대 같은 데 무심한 듯 시크하게 걸어놓고 판다거나, 그렇게 걸린 생선을 마치 세탁소에서 옷 내리듯 장대로 척척 내리는 장면, 산나물 파는 할머니가 물미역 담은 바가지도 곁에 함께 두고 장

사하는 모습 같은 것.

　다 아는 농작물들도 희한하게 5일장에서 만나면 퍽 새롭다. 대형 마트의 인공조명 아래에서는 잘 드러나지지 않던 작물 고유의 색감이 여기 햇빛 아래 난전에서는 가감 없이 드러난다. 호박도, 가지도, 양대도, 두릅도 새삼 신기하게 들여다보며 그 때깔과 자태를 감상한다. 이따금 작물이 쨍한 민트색 소쿠리나 선명한 붉은색 함지박에 담겨 보색 대비까지 이루면 정말이지 미술 작품이 따로 없다.

이거저거 모두 다 사진으로 남기고 싶은 욕심에 닥치는 대로 셔터를 누르다 보면 난전의 할머니들이 문득문득 별나다는 듯 쳐다보기도 한다. 그럴 때면 앞장서 가던 우리 할머니가 뒤돌아 날 스윽 가리키며, "내 손녀딸이라요." 점잖게 한마디하신다. 보디가드 같다. 멋있다. 현지인 위엄 뿜뿜. 어쩌다 아는 분과 마주치면 손녀딸이라는 소개말에 우리 엄마 이름이 더해지기도 한다. "야가 중기 딸이다. 중기 막내이."

엄마, 여기서는 엄마가 아직 이름으로 잘 불리네요. 살면서 '누구 엄마' 소릴 듣지 '전중기' 세 글자 이름 들을 일이 거의 없잖아요. 고향이란 이런 데인가 봐요.

새벽부터 북적이던 장이 한낮에 가까울수록 잦아들고 나는 다시 할머니를 뒤따라 쫄래쫄래 집으로 돌아온다. 할머니가 보행기 겸 장바구니 삼아 밀고 다니는 손수레 안에는 천 원짜리 몇 장씩을 건네고 산 이런저런 반찬거리가 들어 있다. 정작 당신께서는 신물이 올라온다며 잘 안 드시는 고등어가 검은 비닐봉지에 꽁꽁 싸인 채 한 자리 차지하고 있을 때도 많다. 나 구워 먹이겠다고. 갑자기 짐 싸 들고 와 얹혀살면서 끼니 수발을 들게 만드는 손녀가 뭐 이쁘다고. 가슴이 찌르르 울린다.

할머니, 내가 저번에 할머니 없이 장 구경 가보니깐요, 영 못쓰겠더라고요. 이만큼 재미가 없더라구요. 금붕어 똥마냥 할머니 뒤꽁무니나 주구장창 따라다녀야 맛이더라고요. 할머니, 난 할머니랑 둘이 이렇게 부대끼고 살면서 친해진 게 너무 좋은데. 우리 둘이 밥 해 먹고 꽁냥꽁냥 테레비 연속극 보고 이러쿵저러쿵 수다 떨고 농담 따 먹기 하는 거 너무 좋은데. 할머니가 인간적으로 너무 좋아졌는데.

할머니도 내가 좋죠? 그죠?

겨울
산촌 탐험

정말… 초록색이네. 산으로 아주 도배를 했어. 울진 산촌 여행을 해보겠다며 관광 지도를 얻어다 펼쳐 놓고 보는데 한숨이 절로 나온다. 산지 비중이 이렇게 클 줄이야. 이 많은 오르막을 다 어찌 다니나? 고민 끝에 읍내 자전거포에서 접이식 자전거를 샀다. 접어서 버스 짐칸에 싣고 올라갔다가 내리막은 슬슬 타고 내려오면 되겠지.

매도 먼저 맞는 게 낫다는 심정으로 가장 난코스부터 섭렵하기로 한다. 그래서 산촌 여행 첫 목적지는 지도의 초록색 한복판, 태백산맥 줄기 위라 해발 400~500m 정도는 가뿐히 넘기는 데다 원시림인 금강송 군락지가 있다는 금강송면(당시는 '서면') 소광리로 정했다. 이 겨울에 대뜸 첩첩산중행이라니 역시 미친 짓이지? 살아서 돌아오자, 하하. 비장한 마음가짐으로 출발했는데 그러길 잘했다. 군청 앞에서 버스를 잡아탈 때부터 범상치 않았다. 일단 소광리까지 가는 버스비가 범상치 않았다. 아니 무슨 시내버스비가 5천 원 가까이나 하는 거죠? (당시 서울 물가 기준으로 짜장면이 4천 원을 안 했다.)

    나의 의문은 기사님이 금강송면으로 올라가는 가파른 36번 국도(지금의 '불영계곡로')를 달리다가 갑자기 우회전해서 산길로 들어서는 순간 깡그리 해소됐다. 버스가 비포장의 깎아지른 비탈을 아무렇지도 않게 기어오른다. 우당탕쿵탕, 바퀴에 바위 밟히는 소리가 요란하고 차체는 놀이기구마냥 들썩인다. 양옆으로 선 숲, 나뭇가지들이 버스 몸체를 싹싹 쓸어내릴 정도로 좁다란 길도 무심히 뚫고 간다. 아니 이 정도면 운전 기술이 아니라 운전 '무술' 아닌가…? 버스비를 5천 원이 아니라 5만 원은 드려야 할 거 같은데요? 입이 떡 벌어진 채 소광리 정류장에 내린다.

    정신을 붙들고 금강송 군락지부터 향한다. 각오는 했으나

가는 길이 만만치 않다. 비포장이라 쓰고 돌밭이라 읽어야 할 노면 위로 이를 악물고 자전거를 몬다. 돌부리에 걸려 몇 번이나 자전거를 고꾸라뜨릴 뻔. 조만간 앞바퀴가 떨어져 나갈 거 같다. 덤으로 내 귓바퀴도 떨어져 나갈 거 같다. 산골짜기 겨울바람이 정말 살벌하다. 스키 장갑을 끼고 있는데도 핸들을 잡은 손이 자꾸 곱아든다. 콧물이 흐른다. 눈물도 흐른다(추워서 흐르는 거다). 오기가 생긴다. 내가 진짜 억울해서라도 금강송 군락지 사진 꼭 찍고 간다! 오는 길에 버스 창밖으로 이미 소나무를 2천 그루는 본 것 같아 별 감흥은 없지만서도. 그러다 저 멀리 군락지 입구에 근엄하게 선 한 그루 금강송을 보자마자 반성한다. 저 멋드러진 걸 감히 다른 소나무들과 비교할 생각을 하다니 내가 바보네.

수백 수천 아름드리 금강송들이 뜨내기 여행자를 내려다본다. 곧게 뻗은 붉은 몸체에 용비늘 같은 나무껍데기, 꼭대기에는 뾰족한 이파리들이 몽글몽글 구름마냥 피어 있다. 제아무리 고개를 꺾어 카메라를 겨눠본들 그 늠름한 자태는 렌즈에 다 담기지 않아 안타깝다. 임금님 관 짤 때나 궁궐 지을 때 등 왕실 전용으로만 베어 쓰려 조선 숙종 때부터 아예 입산을 막으면서 보호해 온 원시림이라는 게 실감 나도록, 이 광활한 군락지는 헤매고 또 헤매도 끝나질 않는다. 게다가 비성수기라 그런지 여기 장대한 풍경 안에 인간이라곤 나밖에 없다. 추위도 잠시 잊고 압도된다. 그렇게 홀려버렸다. 다음 날에도, 또 그다음 날에도 울진여객 운전 무술인이 모는 모험 가득 시내버스에 자전거를 싣고 소광리로 떠난다.

며칠째 드나들다 한번은 금강송이 '납치'당하는 광경을 목격하기도 했다. 금강송을 한 그루씩 꽁꽁 묶어 실은 트럭들이 연이어 지나갔다. '어어, 이거 보호림이잖아? 설마 불법 반출은 아니겠지?' 망설이다가 마지막 트럭 뒤로 따라붙었다. 체감 각도가 36도여서 36번 국도라 이름 붙인 게 아닐까 싶은 미친 내리막 도로를

트럭 속도에 맞춰 자전거로 달리다 보니 곧 영화 〈ET〉에서처럼 공중부양할 것만 같아 겁이 나지만 달리 방법이 없다. 어찌어찌 산 아랫동네에 무사히 착륙(?)은 했는데 결론은 좀 허탈했다. 트럭들이 일제히 멈춰 선 근남리의 울진종합운동장에서는 식목이 한창이었다. 숲이 너무 빽빽하면 나무가 잘 자랄 수 없어 조금씩 솎아줘야 한다더니 그렇게 솎은 금강송들을 여기 가져다 가로수로 심는 모양이다. 밀반출이 아니어서 참 다행이다만 트럭 기사님은 웬 정신 나간 사람이 제 뒤를 자전거로 악착같이 쫓아온다며 좀 무서워하셨을려나?

오늘 치 금강송 구경은 다 했다 싶으면 근방에 띄엄띄엄 자리 잡은 소광리 마을로 향한다. 일제강점기에는 자수정 광산으로, 60년대에는 화전민촌과 1968년 울진·삼척지구 무장공비침투사건("나는 공산당이 싫어요!"라고 외쳤다는 이승복 어린이 이야기로 잘 알려진)으로 외부의 주목을 받기도 했다는데 요즘은 외지인이라면 나처럼 금강송 관광하러 온 사람들이나 드문드문 찾아들 뿐 대체로 살던 사람들끼리 오붓하게 송이 따고 약초 농사를 짓는 외진 동네다. 첫인상은 이 시기 두메산골답게 그저 황량할 뿐이지만 찬찬히 거닐다 보면 그 고즈넉한 분위기에 절로 빠져든다. 공기는 청량

하고, 창백한 햇살은 사방에 파리한 필터를 씌워 이 계절이 아니면 볼 수 없는 색을 낸다. 시커먼 고목과 바짝 마른 풀이 바람에 흔들리는 소리 말고는 도무지 고요한 마을 길 한가운데 덩그러니 서 있노라면 오로지 나 혼자라는 기분에 막막한 한편 평온하다. 외로워서 더 다정한 겨울, 산촌. 지금 여기를 여행할 수 있어 참 다행이다.

다시 36번 국도를 30분가량 자전거로 미끄러져 내려오면 마침내 평지의, 양지바른 행곡리다. '이번에도 조난이나 부상 없이 귀환하는구나' 하고 감사하는 시점도 이쯤이다. 마음에 여유를 되찾아서일까, 추위가 여전한데도 주변 풍경이 아까보다 채도가 두 칸은 더 올라간 듯 포근하다. 쉬엄쉬엄 페달을 놀려 외가로 복귀한다. 오늘의 모험담에 어느 정도나 양념을 쳐야 이따 저녁 먹으면서 할머니와 수다 떨 때 흥이 더 오르려나 즐겁게 고민하면서.

농촌의 봄은 참
부지런하기도 하지

 퍽 눅은 기온에서 변화를 예감한다. 3월이 다 가도록 겨울 티를 벗지 못한 이 경상북도 최북단에도 마침내 생기 띤 색깔이 군데군데 포착된다. 남의 집 마당에 널린 다홍색 꽃무늬 이불도, 어촌 마을 푸른 기와지붕 옆에 소담히 쌓여 있는 진달래색 부표도, 옆 동네 아무개 씨 댁 감청색 대문이 빨간 빨래집게와 이루는 신선한 색 대비도 모두 다음 계절을 기약하는 예고편 같다.

 그러다 훅, 봄이 닥쳤다. 슬금슬금 움트던 게 하나둘 터지더니 곧 정신없이 휘몰아치기 시작했다. 어어? 당황하는 새 새순이 돋고 꽃도 활짝 폈다. 심지어 볕 잘 드는 길 위의 벚나무들은 소리

소문도 없이 꽃을 다 피우다 못해 떨구고 있었다. 혹여 꽃놀이를 놓칠세라 부랴부랴 자전거를 끌고 나섰다.

읍내 외가에서 고성리까지 남대천을 따라 쭉 뻗은 벚꽃길을 달린다. 도로 위로 차 한 대 다니지 않아 팔랑팔랑 내리는 벚꽃비가 온통 내 차지다. 아니, 내 차지인 줄 알았는데 눈앞을 아슬하게 스쳐 도로 양옆에 자리한 논으로 곤두박질친다. 겨우내 메말라 있던 논에 막 대어 놓은 물 위로 꽃잎이 하얗게 흐른다. 지난 계절의 황량한 흔적 위로 새 색, 새 계절을 수놓는다. 내가 살면서 본 중 가장 아름다운 벚꽃 놀이다. 앞으로 벚꽃을 생각할 때면 난 아마 이 날 이 장면부터 떠올리겠지.

아예 들판을 황금빛으로 메우며 봄을 알리는 녀석도 있었다. 행곡 가는 길, 아직 마른 흙빛인 논과 작물이 겨우 연녹색을 띤 밭 중간에 불쑥 무언가가 눈부시게 솟아 있었다. 이 봄에 저리 누렇게 익을 게 뭐가 있나, 지금은 벼 나올 시기도 아닌데. 갸우뚱하다가 마치 불을 처음 발견한 원시인마냥 도 트는 소리를 냈다. 이게 보리구나! 겨울에 쌀 떨어지고 나면 다음 가을 추수 때까지 넘어야 한다는 보릿고개의 바로 그 보리구나. 말로만 들었지 실제로는 처

봄 햇살이 작물로 잠시 몸을 바꾸면
꼭 이런 모습 아닐까…

음 봐. 봄 햇살이 작물로 잠시 몸을 바꾸면 꼭 이런 모습 아닐까, 바람에 물결치는 모습이 말 그대로 찬란하다. 그 뒤로는 길 가다 보리밭을 마주치면 어쩐지 반가워서 혼자 아는 척하며('어머, 보리네 보리!') 셔터를 마구 누르게 됐다. 제목이 '보리밭'이라는 이유로 옛 가곡을 일부러 찾아 들으며 흥얼거리기도 했다. '보리밭 사잇길로 걸어가면 뉘 부르는 소리 있어 나를 멈춘다……'

계절이 거의 끝물에 다다를 무렵 매화리 어느 논에서도 뜬금없는 봄 빛깔을 발견했다. 제법 푸릇푸릇한 모 줄기 여기저기 선명한 분홍색 덩어리가 엉겨 있었다. 정체가 뭘까? 고민하며 골똘히 쳐다보는데 옆에 우렁이들이 꼬물꼬물 기어 다니는 게 보였다. 제초제를 쓰는 대신 우렁이 농법을 한다더니… 아? 다시 한번 도 트는 소리를 낸다. 우렁이알이구나! 생김새는 꼭 생선알 같은데 색은 웬만한 봄꽃 저리 가게 곱다.

올해 마지막 봄꽃은 이 우렁이 알인가. 지금 나는 봄의 엔딩 크레딧을 보고 있는 셈인가. 언제 이렇게 다 가버렸나. 고운 빛깔에 감탄하기도 잠시, 논두렁에 폭 주저앉아 쏜살같은 세월을 한탄한다. 울진에서 보낸 지난 몇 달을 더듬으며 내게 남은 나머지 몇 달을 막연히 가늠한다. 그늘 없이 바로 떨어지는 해가 제법 따갑고 바람은 미지근하게 달구어져 분다. 꽃보다는 날로 짙어지는 녹음에 더 눈길 끌릴 철이 곧 닥칠 것을 예감하며 한참 동안 자리를 뜨지 못한다.

깨구리와
뱀

할머니와 친구 먹었다. 솔직히 친구까지는 너무 설레발치는 걸 수도 있는데 어쨌든 우리는 예전에 비해 엄청 친해졌다. 예전에 얼마나 안 친했냐면, 할머니야 손주가 나름 예뻤을지 몰라도 내게 할머니는 단지 집안 어르신 중 한 분일 뿐이었다. 좋은 분인 거 잘 알고 뵐 때 반갑긴 하지만 문안드리고 나면 할 말 떨어지는 사이. 부모님이 열 번 채근하면 마지못해 겨우 한 번 안부 전화를 거는데 그나마 인사말 다음에는 어색한 침묵이 맴도는 사이.

그 애매한 사이가 2010년 한 해를 거치며 180도 뒤집어졌다. 우리 할머니에게 내가 꼼짝없이 함락되고 말았다. 매일 새벽같이 일어나 손주 해 먹일 온갖 식재료를 냉동실에서 꺼내다 녹이고, 손주가 늦잠 자며 뒹굴 동안 아침 장에서 회를 떠 와서 배랑 양파까지 척척 썰어 회 비빔밥을 하고, 따뜻하게 자라며 밤마다 보일러로 바닥을 절절 끓이고, 계절 따라 다른 이불을 꺼내려 드는 분. 그런 분에게 어느 누가 감히 벽을 허물지 않을 수 있을까. 이전에도 참 살가운 분이라 생각은 했었지만 이 정도로, 이야기책에나 나올 법한 이상적인 할머니 상(무한한 내리사랑에 늘 퍼주시는 어쩌고저쩌고)에 부합하다 못해 차고 넘치는 분이라는 건 미처 몰랐다. 처음에는 그저 황송하고 송구해서 몸 둘 바를 몰랐는데('아니 어르신 뭐 이런 걸 다…!') 시간이 지날수록 정이 되더니('헤헤, 할머니 최고!') 그렇게 나는 우리 어르신께 단단히 길이 들어버렸다.

내가 울진을 일 년간 무사히 여행할 수 있었던 비결도 오로지 우리 할머니다. 아침마다 할머니가 챙겨주는 매실엑기스 탄 찬물 한 병은 마치 게임 속 포션 아이템 같아서 길 가다 기운 달릴 때 마시면 에너지가 용솟음쳤다. 길 가던 모르는 어르신들께 말을 붙일 때도 읍내 향교 옆에 외가가 있다고 하면 단숨에 친근감이 형성됐다. 젊은 친구가 와줘서 반갑다며 어르신들이 용돈 주듯 챙겨 준 각종 사탕과 젤리를 집에 와 할머니 앞에서 한아름 꺼내 들면 "아이고 야가 울진 할매할배 간식 다 털어오네!" 하며 타박하듯 껄껄 웃으시는 모습이, 힘겨워도 다음 날 다시 길을 나설 수 있는 원동력이 됐다.

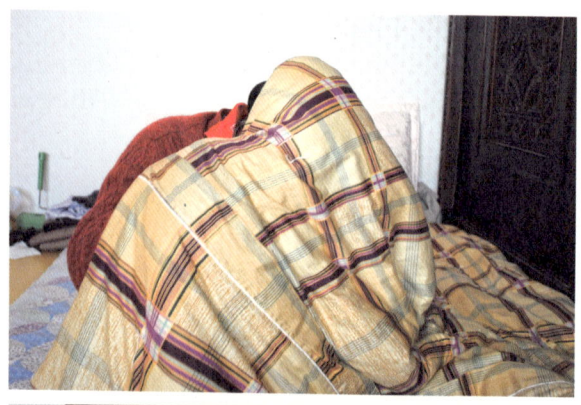

이불에서 까꿍 놀이

함께 산 나날이 길어질수록 우리는 서로의 일상에 당연한 듯 자리 잡았다. 같이 아침밥을 먹고, 나는 그날 치 모험을 떠나고, 할머니는 그동안 밭을 돌보고, 해 질 녘 집으로 돌아와 저녁밥을 함께 맛나게 해 먹고 같이 곯아떨어지는 하루하루였다. 때론 당연한 일상 속에서 당연하지 않은 순간을 만드는 할머니에게 기습을 당하기도 했다. 평소보다 조금 귀가가 늦어지는 날이면 현관 발코니에는 이제나 저제나 서서 나를 기다리는 할머니가 있었다. 다 큰 처자가 어련히 알아서 집에 올 텐데 다리 아프게 뭣 하러 나와 있냐고 장난스럽게 넘기면서도 가슴은 매번 찡 울렸다. 평소 장신구라고는 좀체 하지 않는 분이 내가 성류굴 기념품 가게에서 사다 준 싸구려 염주 팔찌는 꼭꼭 끼고 다니는 모습을 볼 적엔 괜히 할머니를 자꾸 끌어안고 싶어졌다.

함께한 시간은 서로에게, 특히 내가 할머니에게 물들어가는 시간이기도 했다. 아침에는 텃밭에서 상추를 한 사발 뜯어다 샐러드를 만드는데 드레싱은 매실엑기스에 견과를 갈아넣어 새콤 고소하게 만든다. 가끔 귀찮을 때 점심 식사는 짜파게티로 때운다. 볕 좋은 오후에는 마당 수돗가에 앉아서 색색의 화초와 꽃나무들을 구경하며 세월아 네월아 한다. '너무 많네' 대신 '개락 났네'라는

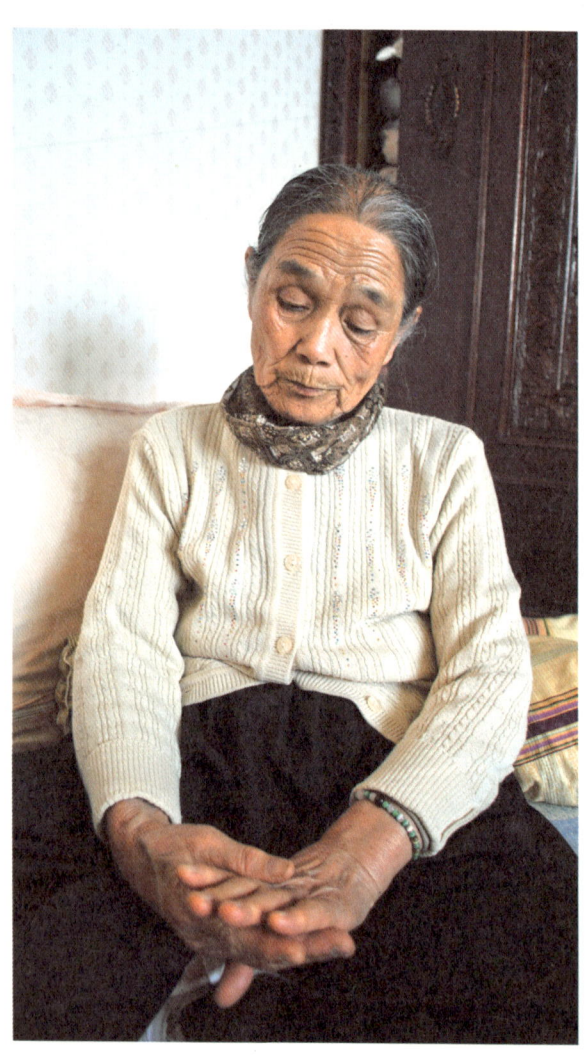

표현을 쓰고, '올해'는 '올개', '~했니?'나 '~했어?' 대신 '~했는가?', '응' 대신 '어이' 한다. 같은 경상도라도 대구 사투리와 울진 사투리는 억양이 조금 달라서, 할머니와 대화할 때는 나도 모르게 강세를 좀더 앞에다가 두면서 어설프게 따라 한다. "할머니, 오늘은 뭐 해 먹을까요?"

여행 안 가고 집에서 뭉개면서 게으름 피우는 날은 둘이서 방에 나란히 누워 소소하게 수다를 떠는 날이다. 이런저런 이야기가 두서없이 오가는 와중에 이따금 당신의 소녀 시절 이야기를 듣기도 했다. (어째서인지 자주 꺼내려 들지는 않는 화제였지만.) 나지막한 목소리로 친언니와 동무들과 재미있게 놀았던 추억을 조곤조곤 풀어놓는 걸 듣고 있자면 어쩐지 슬퍼졌다. 할머니도 어릴 적이 있고, 어린아이처럼 놀던 석이 있고, 같이 놀던 친구들이 있는 건데. 그 시절은 다 어디로 가버렸을까. 그때 그 소녀는 지금 행복할까.

여행이 끝나고 외가에서 짐을 빼면서 서로 몸은 멀어진 지 벌써 10년. 하지만 녹록지 않은 한 해 분량의 추억이 묵직하게 자리한 우리 사이는 여전하다. 적어도 내게는 여전해서, 나는 지금도 할머니에게 아무 때나 전화해서 이러쿵저러쿵 떠든다. 할머니 뭐╱해요? 울진은 날씨 괜╱찮아요? 올개는 밭에 뭐╱심어요? 병원은 갔╱다 왔어요? 어제는 왜 전╱화 안╱받았어요? 할머니 보고 싶다! 할머니 된장찌지개('된장찌개'의 울진 사투리) 먹고 싶다! 울진 가고 싶다! 통화할 적마다 빼놓지 않고 꼭꼭 나누는 우리만의 암호 같은 농담도 있다. "할머니 밥 먹었어요?" "먹었지." "반찬은 뭘로 먹었어요?" "깨구리와 뱀!" 그래놓곤 우리끼리 한참 깔깔깔 웃는 거다.

할머니, 오늘은 뭐 해요? 할머니 보고 싶어요.

함께한 시간은 서로에게,
특히 내가 할머니에게
물들어가는 시간이기도 했다.

추억은
조각조각

 '삼베길쌈', 그러니까 삼 혹은 대마라고 하는(마약사범 검거될 때 거론되는 그 대마 맞다) 풀에서 '삼베'라는 직물을 만드는 일을 난생처음 목격했다. 우리 할머니가 이런 인간문화재(?)나 할 법한 일을 하는 사람인 줄도 몰랐다. 할머니는 당신 또래라면 다들 어릴 적부터 진력나게 해온 일이라고 일축하지만.

 삼베길쌈 과정은 지난하고도 지난하다. 몇 번씩 설명도 듣고 길쌈하시는 모습을 드문드문 봐 놓고서도 또 가물가물할 정도로. 그래서 이참에 아예 자료를 찾아봤는데 새삼 기함했다.

'삼을 베어다가 쪄서 햇빛에 바짝 말린다. 물에 담가서 불린다. 여러 번 반복한다. 겉껍질을 한 겹씩 벗긴다. 군더더기를 모두 훑어 내고 속껍질만 남긴다. 속껍질을 다시 널어 말린다. 다시 물에 불린 후 손톱을 써서 실처럼 잘게 찢는다. 찢은 줄기 한 올 한 올을 서로 겹쳐다가 일일이 손으로 비벼서 긴 실로 만든다. 이 실을 다시 물레를 이용해 가락으로 만든다. 가락을 다시 풀어 긴 실타래를 만든다. 여기에 치자물로 노랗게 물을 들인 후 도투마리에 감아 베틀에서 삼베를 짠다.' … 듣기만 해도 질리는 노동 강도다.

할머니에게 이 힘든 걸 왜 하냐고, 하지 말라고 하니 이번 해까지만 한단다. 말만 그래 놓고 또 하시겠지만. 수제 삼베는 값이 많이 나간다. 시골 어르신들께는 고생한 만큼은 아니더라도 그래도 보람이 되는 것이다. 게다가 우리 힐미니의 경우 당신께서 뽑은 실로 짠 삼베로 손주들 부부네 이불을 한 채씩, 그리고 당신과 당신 자식들의 수의를 벌써 다 지어 두셨다. 아, 할머니… 그 마음을 생각하니 가슴이 새삼 먹먹해지는데 거기다 당신께서 한 마디 보태시며 산통이 깨진다. "니도 이불 한 채 받고 싶거든 얼른 시집가라." 아, 할머니 진짜!

추억은 준치조각

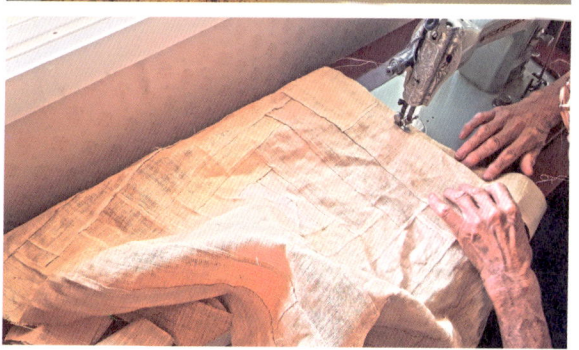

어느 여름날에는 할머니가 낡은 재봉틀 앞에서 삼베 조각보 만드는 걸 지켜봤다. 옷감 가게에서 얻어 온 자투리 삼베를 모아 이리 한 조각 저리 한 조각 붙인다. "할머니 재미있어요?" 물으니 "재미가 있지, 재미가 있어. 한 조각 붙이고 이래 들따 보면 또 얼마나 예쁜지." 한다. 내가 자꾸 말을 걸어 집중력이 흐트러졌나, 아이쿠, 다섯 조각씩 붙여야 하는 걸 한쪽에 여섯 조각을 붙여버린 통에 나머지 면에도 한 조각씩 덧붙이느라 몇 시간을 꼬박 재봉틀 앞에 숙이고 앉아 바늘귀에 실을 꿰신다. 나는 몇 시간째 곁에서 소처럼 누워 뒹굴면서 할머니에게 자꾸 시답잖은 질문을 하고 농담을 던지고 낄낄거린다. 우리 추억을 한 조각, 한 조각 이어 붙인다.

원래 우리 할머니는 쑥스러워서 내 앞에서 좀처럼 노래를 안 하시는데. 이날은 흥이 올랐는지 내 두 눈을 똑바로 마주 보면서 "내가 노래도 할 줄 알거드은." 하더니 흥얼흥얼 한 곡조 뽑아주셨다. "꽃이 피면 같이 웃고 꽃이 지면 같이 울던 알뜰한 그 맹세에 봄날은 간다~"

할머니, 할머니, 꽃이 지면 봄은 가도 우리 같이 만든 조각은 오래오래 남을 거예요. 우리 또 만들어요. 오래오래, 계속 만들어요. 조각조각 조각보.

짧은 이야기
셋

울진 대게

여기가 대게 산지임을 일상 속에서 시시때때로 실감한다. 그 비싼 대게를 샅샅이 살 발라 먹지 않는 모습을 목격하거나(나는 껍질까지 핥을 기세인데), 대게 철에는 여기저기서 선물로 너무 많이 들어와 처치 곤란인지라 모조리 냉동시켜 놨다가 라면 끓일 때 넣는다는 이야기를 들을 때(마찬가지로 그 비싼 울진 송이도 냉동시켰다가 라면에 같이 넣는다고 하니), 다 먹은 대게 껍데기를 갈아 농사 거름으로 쓸 때(처음 밭 한가운데서 게딱지와 눈을 마주치고는 어찌나 당황했던지), 가로등을 대게 모양으로 장식한 걸 볼 때(하늘 높이 매달린 대게들이라니)⋯⋯ 여긴 정말 '대게의 고장' 맞다고 절로

057

고개를 끄덕이게 된다.

40년 전 그 버스

어디서 버스를 타고 내리는지, 그 버스가 어디 어디를 들르는지, 죽변면 화성리 나의 친가 가는 길을 할머니가 훤히 꿰뚫고 있다. 엥, 우리 어르신이 버스 타고서 사돈댁 놀러 다닐 만한 위인이 아닌데, 그걸 어찌 다 아세요? 물으니 "예전에 느이 엄마 데려다주면서 알았지."란다. 그게 언제냐고 또 물으니 "느이 엄마 결혼하고 처음 시댁에 인사드리러 갔을 때."란다. 아니, 엄마 결혼한 지 수십 년이 넘었는데 그 길을 여태 기억한다고요? 놀라움 반 미심쩍음 반 일러준 대로 군청 앞에서 사계행 버스에 오른다. 와, 우리 어르신

말이 맞다. 70년대의 그 길 그대로를 요즘 버스가 달린다. 엄마가 엄마의 엄마랑 탔던 그 버스를 엄마의 딸이 타고서 달린다.

10년 치 변명

그린란드와 울진 사이엔 흥미로운 교집합들이 있다. 둘 다 소위 중심지와 멀리 떨어진 지역(그린란드는 북극이고, 울진은 서울이나 부산 같은 대도시에서 거리상으로도 그리고 철도나 고속도로가 없어 교통상으로도 멀고)이면서 인구가 적고(둘 다 5만 명 전후), 그래서 지금껏 주목은 많이 못 받아 온 대신 자연환경이 잘 보존되었는데(그린란드는 거의 땅덩어리 전체가, 울진은 금강송 군락지와 왕피천 등), 아이러니하게도 가장 반환경적인 원자력의 위험성을 안고 있는(그린란드에는 냉전 시절 미군이 남기고 간 핵폐기물이 남아 있고 울진에는 원자력 발전소가 있다) 곳이라는 점 등등. 이 얘기를 엮어다 대단한 여행기를 쓸 수 있을 줄 알았는데. 생각만 하다 벌써 10년이 넘게 흘렀다.

그린란드와 울진 사이엔
흥미로운 교집합들이 있다.

부처님
그림자

　울진 금강송면 불영계곡에는 '불영사'라는 절이 있다. '불영佛影' 그러니까 '부처님의 그림자'라는 뜻으로, 인근 산에 있는 부처 형상의 바위 그림자가 절의 연못 위로 비춘다며 붙은 이름이다. 하지만 내 눈은 영 삐었는지 절에 드나든 내내 한 번도 그 '불영'이라는 걸 보지 못했다. 아마 보고도 못 알아챈 거겠지만.

　뭐, 못 본 게 딱히 아쉽지 않다. 이 절에 별 애착이 없어서다. 분명 멋들어진 곳이긴 하나 언제나 바쁜 스님들께 말 한마디 붙이기도 쉽지 않아 그리 정감이 가는 곳은 아니었다. 이 한량 같은 객을 반겨주는 건 그나마 자비로운 절 고양이들 정도? 워낙 많은 이

들이 오가는 관광 명소이니 어쩔 수 없는 노릇이라 스스로 납득시
켜보지만 조금 섭섭한 여운은 어쩔 수 없다.

그럼에도 계속 불영사를 찾은 건 절 바로 아랫마을 '하원
리' 때문이다. 불영계곡을 따라 흐르는 광천이 크게 곡선을 그리는
지점 그러니까 계곡 경사가 다소 완만해지는 지대 위로 오밀조밀
자리 잡은 이 마을은 산촌답지 않게 너르고 평평해서 보기만 해도
어쩐지 마음이 넉넉해진다. 주변보다 산도 딱 반 발짝 정도 더 뒤로
물러서 있어 인근 산촌 마을들에 비해 볕도 훨씬 잘 든다. 덕분에
풍광이 훨씬 따뜻하고, 길에서 마주치는 어르신들의 미소마저 어

찐지 더 따뜻하게 다가온다. 그래서 관광지 기준으로 따지자면 별 거 없다고도 할 수 있는 이 동네에 자꾸 발길이 간다. 나중에 혹시 내가 울진에 살 일이 생긴다면 여기로 오고 싶다는 생각이 들 정도로 정이 붙는다.

'불영사 갔다가 절 아랫마을 하원리 간다'는 게 어느 시점부터는 주객이 전도되어 '하원리 가는 김에 불영사도 한두 번 들르는 식'이 됐다. 가능하면 불영사에 먼저 간다. 대체로 즐겁게 구경하고 나오지마는 아주 가끔 깍쟁이 같은 인상을 받을 때는 덩달아

다소 깍쟁이가 된 기분으로 절 문을 나선다. 하지만 그 뾰족한 마음마저도 여기 이 포근한 마을을 거닐다 보면 절로 다시 맨들맨들해진다. 별 볼 일 없는 하원리가 별 볼 일 많은 불영사보다 훨씬 특별하다.

불영. 불경에 이르기를 온 세상이 다 부처라고 했는데 어디 부처님 그림자라는 게 따로 있나. 하원리 논물에 비친 아무개 산 그림자가 훨씬 더 부처님 그림자답다고, 혼자 중얼거려본다.

문학소녀
전중기

　외가 책장에는 '세계의 문학대전집'이니 '문학사상'이니 하는 책들이 여즉 꽂혀 있다. 우리 어머니 전중기 여사의 흔적이다. 글짓기를 곧잘 해서 학교 신문에 매번 글이 실렸던, 문예반 선생님과 매일 아침 연극 방송을 도맡았던, 군 대표로 도 단위 백일장에 참가했던, 바다 해돋이를 보면서 글을 지으려 친구와 둘이서 컴컴한 새벽길을 나섰던, 문학소녀 전중기. 하루는 책갈피에서 어머니의 옛 메모 하나를 발견했다. 82년 10월이면 엄마가 결혼한 지 4년차, 둘째 언니 돌을 치르고 서너 달 지난 무렵이다. 미처 다 마치지 못한 글 몇 줄 속에서 결혼하고 자식 낳고 삶에 쫓겨 살면서도 채 바래지 않은 감수성 넘치는 문학소녀를 읽는다.

82. 10. 15. 금

내일이면 이곳을 떠난다. 이곳에서 이렇게 펜을 들어 무엇을 적을 수 있다니... 몇 년 만인가. 4년. 지금 새벽 5시가 가까와 가지 싶다. 오뎅을 사러 가자는 (후포로) 아버님께 우유 한 잔을 타 드리고 귀한 시간이다 싶어 이렇게 앉았다. 커피 한 잔이 지나간 시간과 현재를 자유롭게 넘나들 수 있게 도와준다.

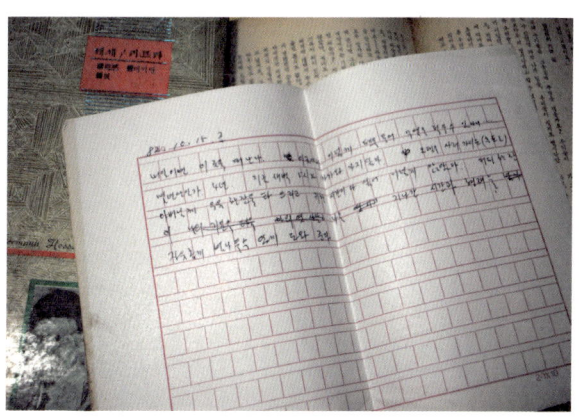

할아버지, 할머니, 엄마(꽃 든 사람), 큰이모.

왼쪽부터 막내이모, 엄마, 큰이모, 큰외삼촌, 작은외삼촌. 총 5남매.

울진 청년
전진수 씨

가장 개인적인 것이 가장 정치적이다.

훤칠한 키에 뽀글뽀글 자연산 곱슬머리, 풀 먹인 하얀 모시옷을 척 걸치고 흥얼흥얼 시조를 읊거나 담배를 태우던 멋쟁이 어르신. 우리 할아버지다. 과묵한 성격으로 표현을 많이 하지 않는데도 어째서인지 손주들을 아끼는 그 마음이 늘 느껴지는 분이었다. 성함은 전진수인데, 내가 어릴 적에 식사하시라고 여쭙는다는 게 "전진수 할아버지 진수성찬 드세요."라고 해서 온 친척 어른들이 뒤집어지게 웃었던 기억이 난다.

할아버지에겐 약국을 하면서 뒤로는 몰래 독립운동을 돕

던 누님 부부와 형님이 있었다. 그분들의 비밀스러운 심부름을 하러 만주부터 부산까지 전국 여기저기를 돌아다니면서 견문을 넓힌 할아버지는 '앞으로 먹고살려면 기술이 필요하다'는 걸 일찌감치 깨닫고 부산에서 철공소 일을 배웠다. 몇 년 뒤 고향으로 돌아와 매화에 차린 철공소에는 아니나 다를까 주문이 쇄도했고 곧 살림도 번듯하게 폈다.

하지만 한국전쟁이 터지면서 많은 것들이 달라졌다. 철공소는 폭격에 완전히 부서졌고, 이념 전쟁에 독립운동했던 사람들이 빨갱이로 몰리면서 할아버지네 집안도 풍비박산 났다. 가까운 가족과 친지들이 영문도 모르고 끌려가 구덩이에서 죽임당하거나 북으로 쫓겨 가다 붙들려 목숨을 잃었다. 이미 첫째 딸인 우리 어머니가 있는 데다 아내가 또 임신하고 있던 상황에서 할아버지는 잡혀가지 않기 위해 형님네 뒷산 동굴에 숨어 꼬박 한 해를 살았다. 할아버지의 큰조카가 밤마다 몰래 먹을거리를 날랐는데 겨울에는 혹시 눈길에 발자국이 남아 추적당할까 봐 무거운 포대 자루를 끌어 발자취를 지워가며 오갔다고 한다. 아내가 둘째를 출산한 것도, 어느 날 집안 어르신 한 분이 산길을 지나는 척 동굴 앞으로 와 "아들이다." 한마디 해주고 돌아가 알았다고.

해가 바뀌고 상황이 웬만큼 잠잠해지자 동굴을 나온 할아버지는 남은 살림을 그러모아 울진 읍내에 다시 철공소를 차렸다. 하지만 밤사이 동네 어린아이의 불장난으로 철공소가 전소하고, 화마에 아이가 숨진 데 대한 책임으로 한 달간 옥살이마저 하게 된다. 하루아침에 사업이 또 한 번 엎어져 막막하기 그지없었지만 이웃들이 십시일반 모아준 돈에 힘입어 할아버지는 다시금 세 번째 철공소를 차린다. 운영은 무난히 되었으나 빚을 갚아야 하는 처지에다 다섯 자식들 뒷바라지를 하느라 가세는 이전 같지 않았고, 한 푼이라도 가계에 보태야 한다는 생각에 할머니도 맞벌이로 돼지를 치고 뻥튀기 장사를 다니기 시작했다.

할아버지의 인생이 요동치는 대로 자식들의 인생 방향도 조금씩 달라질 수밖에 없었다. 잘산다는 집에서도 딸은 중학교나 겨우 보내고 말던 그 시절에 매번 전교 1등과 전교회장을 도맡던 첫째 딸을 고등학교까지 졸업시켰지만, 형편이 형편인 터라 원하던 국문학과에는 진학시키지 못하고 뒤늦게 교육대학에 보내 선생님이 되도록 했다. 한편 빨갱이 집안이라는 낙인 때문에 국가고시를 통과하고도 마음 졸이던 둘째는 천만다행으로 연좌제가 풀리는 시기와 잘 맞물려 무사히 공직 발령을 받기도 했다.

홍진 형님 칠순수연

시대가 서서히 안정을 찾고, 부부가 모두 부지런히 일해 빚을 다 갚고, 자식들도 하나둘 독립해 자기 가정을 꾸리면서부터는 삶에도 조금 여유가 생겼다. 철공소를 접고 은퇴해 손주들을 챙겼으며 시조에 재미를 붙여 시조 대회에도 나갔다. 일본 경찰에 고초를 겪다 돌아가신 누님 부부와 형님의 독립운동 행적을 인정받기 위해 백방 애쓴 끝에 겨우 형님을 독립운동가로 추서하기도 했다. 할아버지는 1997년 7월, 노환으로 소천하셨다.

격동의 한국 현대사가 한 평범한 청년의 인생 여정 곳곳에 깊숙이 스며 있다. 가장 개인적인 것이 가장 정치적이다.

* 전진수 씨의 진 자는 보배 진(珍) 자로, 울진의 진 자와 같다. 제목에 손글씨로 쓰여진 전진수 이름 석 자는 당신께서 첫째 딸인 우리 어머니에게 편지를 보내면서 겉봉투에 직접 쓴 것을 따왔다.

* 새롭게 깨달은 사실인데, 언니들과 비교하면 엄마도 아빠도 별로 닮지 않았다고 생각해 온 내 얼굴은 할아버지를 똑 닮았다.

화성리
친가

여행 다니던 10년 전만 해도 친가의 조부, 조모가 모두 살아 계셨는데 솔직히 외가 할머니만큼 친해지진 못했다. 그래도 울진군청 건너편에서 버스를 타고 죽변 화성리 친가로 가던 길은 언제 떠올려도 기분 좋은 기억으로 남아 있다. 정류장마다 돌고 도는 통에 자가용으로 10분 거리를 한 시간 가까이 달리던, 차창으로 풋풋한 들바람이 들이치던 그 길. 늘 열심히 성경 읽고 열심히 기도하고 열심히 농사짓던 두 분의 모습도, 농사일을 거든답시고 두 분 곁에서 서툰 손으로 낑낑대다 읍내행 마지막 버스 시간이 돌아와 헐레벌떡 표지판도 없는 정류장으로 달려나가던 일도 생각난다.

더 자주 찾아뵈었다면, 더 애썼더라면, 우리 좀더 다정한 사이가 될 수 있었을까?

뿌리 깊은
당신

 할머니는 나들이를 안 다닌다. 이따금 장이나 보러 갈 뿐 좀체 바깥 구경 다닐 줄 모른다. 마을회관에도 안 나간다. 외부와의 교류는 시장의 친분 있는 가게에 잠깐 들르거나 간간이 집으로 찾아오는 손님을 맞는 정도다. 멀미가 심한 체질이라 택시 타고 바람 쐬러 나가기도 영 쉽지 않다. 그래서 내가 자전거로 울진 온 동네를 활개 치며 쏘다닐 동안 할머니는 내내 집에만 머물렀다.

 "할머니는 왜 놀러 안 다녀요?" 여쭈면 "나는 원래 안 다녀."라는 도돌이표 대답만 듣길 몇 번. 어머니에게 슬쩍 물어보니 아마 나이 차 많이 나는 남편을 만난 탓 같단다. 제 나이보다는 남편 나이에 맞추어 '점잖게' 살아야 한다는 압박 때문에 행동거지 하나하나, 집 밖을 나서고 사람 만나는 것 하나하나 조심하던 게 어느덧 몸에 익어버린 것 아니겠냐고. 그러고 보면 할머니는 옷도 온통 '점잖은' 색 일색이다. 조금만 화사한 걸 권하면 "다 늙어 빠진 게 알록달록한 거 입으면 뭐 하노!" 하면서 물린다. 결혼식 같은 집안 잔칫날 신경 써서 차려입는 위아래 짙은 회색 한복은, 둘째언니 표현을 빌자면 "꼭 독립투사 같다". 요새는 웬만해서는 집안 행사에도 참석 안 한다. 허리 다 꼬부라진 노인네가 좋은 날 좋은 자리에 얼굴 내밀면 남들이 흉본단다. 그런 말씀이 어딨냐고 항의해봐도 눈 하나 꿈쩍 안 하신다.

평생 바깥에서 사람들과 떠들썩하게 어울리는 재미를 못 누리고 살아온 당신의 노년의 낙은 식물 키우기다. 소일거리로 마당에 조그맣게 밭을 일구는데 콩, 팥, 파, 감자, 무, 배추, 고추, 상추, 깨, 호박… 온갖 걸 심어다 쏠쏠하게 수확해서 다섯 자식들에게 똑같이 나눠 보낸다. 밭 주변으로는 둘레에 돌맹이까지 가지런히 둘러서 정원을 아주 살뜰히 가꾸어 놓았다. 계절마다 장미가, 수국이, 백합이, 백일홍이, 달리아가, 영산홍이, 국화가 핀다. 집 안의 화분들은 또 어떤가. 다들 천장을 뚫고 나갈 기세로 자라는 통에 거실은

과장 조금 보태 작은 정글이다. 그래서 할머니는 아주 가끔 외지의 자식들 집에 하루라도 묵게 되면 이튿날 아침부터 안절부절못한다. 두고 온 밭과 정원과 화분이 자꾸만 눈에 밟혀 서둘러 울진 향교 옆 언덕 위 제일 높은 집, '내 집'으로 돌아온다.

당신이 요즘 세상에 태어났더라면. 나만큼이나 여기저기로 훌쩍 떠나 아는 이 모르는 이 다 만나며 살 수 있었더라면. 여전히 식물 돌보기를 기꺼워했을까, 혹은 식물 키우는 취미 따위 손사래 치며 멀리했을까. 알 수 없다. 이제 와 그런 가정은 헛될 뿐, 중요한 것은 여러 제약에도 불구하고 삶 속 작은 기쁨들을 발굴해내며 나만의 영역을 넓혀 나간 묵묵한 발자취일 테다. 그 발자취는 어쩌면 식물의 생과도 닮아 있다. 바람에 속절없이 날려간 씨앗이 우연히 뿌리 내린 곳에서 최선을 다해 줄기를 뻗고 잎을 틔우며 꽃을 피우듯.

"니 우리 정원에 꽃이 얼마나 이쁘게 피는지 아나. 와서 보고 가라." 자랑하는 할머니 목소리가 수화기 너머로 낭랑하다. 모두들 붙들린 발목에 마음이 뒤엉켜버린 전염병 시국에도 할머니는 당신의 테두리 안에서 하루하루 밭과 정원과 화분을 돌보며 평정을 잃지 않는다. 광합성하듯 홀로 있어도 늘 충만한 당신. 나는 당신의 그 단단한 기운을 그리며 이 시국 속 하루하루를 버틴다.

얼른 울진으로, 외갓집으로 달려가야지. 마당 구경, 정원 구경 시켜달라 졸라야지. 집으로 찾아오는 사이비 전도사들에게마저도 "보소, 나는 못 배워 먹어 가지고 당신들 하는 소리는 내 잘 모르니더. 그래도 커피나 한 잔 먹고 가소." 하는 당신을 보며 아이고 우리 어르신은 정말 오는 손님 거르는 법이 없다며 허허 웃는 나날로 어서 돌아가길, 기다린다.

나를 살찌운
밥상

시래기 된장찌지개

할머니가 끓인 된장찌개는 어쩐지 '된장찌지개'라는 울진 사투리로 불러야 더 맛이 난다. 애호박을 톡톡 썰어 넣은 것도 좋지만 무시래기를 넣고 자작하게 졸인 게 최고다. 그 찐한 된장 국물에 밥을 비벼다가 짭조름하게 간이 밴 시래기랑 같이 한 숟갈 크게 푹 떠 넣으면, 캬아…! 세상 밥상을 다 정복한 기분이다.

천하제일 요리라고 호들갑을 떨어대니, 내가 놀러 간다고 하면 할머니는 당장 시래기 된장찌지개부터 끓인다. 더 고소한 맛이 나도록 일부러 시래기에 콩가루를 묻혀 끓이는 정성도 쏟는다.

한 그릇 뚝딱 비우고 한 그릇 더 뜬다. 사실 난 콩가루 안 묻힌 시래기 된장찌개를 훨씬 더 좋아하지만 할머니에겐 비밀이다. 하나라도 더 맛난 음식 해주려는 그 마음 앞에서 어찌 감히 좋고 싫음을 논할까. 콩가루 묻힌 시래기 된장찌개도 참 맛있다.

오징엇국

어머니는 밥상에 당신의 고향 음식을 즐겨 올렸고, 덕분에 대구에서 나고 자란 나를 살찌운 건 팔 할이 울진 바닷가 음식이다. 내가 '엄마 음식' 하면 반사적으로 떠올리는 음식들 가운데 세 손가락 안에 꼽히는 오징엇국이 대표적이다.

멸치 다신 물에 오징어와 무, 양파, 고추를 썰어 넣고 간장으로 맑게 간 해 끓인다. 바다 향 그윽한 국물을 음미하며 쫄깃쫄깃 오징어 살을 씹는다. 대구 토박이 친구들에게 오징엇국 이야기를 꺼내면 생전 듣도 보도 못했다고들 말한다. 해물탕에나 넣어 먹을까 말까 한 오징어를 국 재료로 쓴다니 낯설 법도 하지.

쇠고기 대신 조개나 생선 들어간 미역국, 혹은 그냥 미역만 넣은 미역국이 좋다. 칼국수 사 먹으러 갔는데 해물칼국수는 없고 닭칼국수만 있으면 실망한다. 고기 안 굽고는 살아도 회 안 먹고는 못 살겠다는 생각을 종종 한다. 내륙에서 나고 자랐으나 입맛만큼은 바다 아이들 못지않다. 내가 먹는 음식이 나를 말해준다는데, 어쩌면 나는 대구 출신의 울진 바닷가 사람인 걸까.

찐 생선

할머니는 매일 냉동실에서 고기를 낚는다. 얼려놓은 생선들이 할머니 손에 낚여 하루 한 번씩은 꼭 밥상 위로 오른다. 고등어, 가자미, 임연수어, 명태, 대구, 열기… 주로 구이나 국이 되고 간간이 조림이 되는데 명절 전후로는 찜이 대세다. 양념 끼얹은 찜 요리가 아니라 바닷바람에 반쯤 말린 생선을 그대로 찜통에 쪄낸 것이다. 건조할 때 이미 바닷물이나 소금을 뿌리기 때문에 따로 간을 할 필요도 없다.

우리 어머니 설명인즉슨 원래 울진에서는 생선을 반건조시켜 쪄 먹는 일이 많은데 외갓집에서는 매번 구워 먹었단다. 하지만 손님을 여럿 치러야 하는 명절에는 한 마리씩 구워내기가 힘드니 찜통에 여러 마리 넣고 쪘고, 그 시절의 전통이 지금껏 남아서 명절 무렵엔 외가에서 찐 생선을 볼 수 있는 거란다.

동향 출신인 아버지도 찐 생선을 참 좋아한다. 생선 좀 쪄 먹자고 아버지가 조르면 어머니는 못 이긴 척 대구에서는 흔치 않은 '꾸덕꾸덕하게 말린 생선'을 찾아 이 시장 저 시장을 돌아다닌다. 구운 생선과 달리 비늘 모양이 적나라하게 살아 있는 게 징그럽다며 어릴 적엔 별로 좋아하지 않았던 찐 생선인데 나도 언젠가부터 문득문득 생각이 나기 시작했다. 구이보다 훨씬 담백하고 부드러운 그 맛, 그 질감. 어디서 돈 주고 사 먹기도 힘든 집 반찬이라 그리움만 커진다. 조만간 나도 어머니에게 찐 생선을 조르게 되려나.

식혜(식해)

쌀로 빚은 달콤한 전통 음료를 '식혜'라 부른다는 사실을 테레비 광고를 보고서 처음 알았다. 우리 집에서 쌀로 빚은 전통음료는 '감주'라고 부르고, '식해'*란 밥반찬을 말한다. 채 썬 무와 잘

게 토막 낸 생선, 밥알을 섞어 김치처럼 양념한 후 삭힌 반찬.

예전에 학교 친구들이 내 도시락을 보며 "그거는 뭔데?" 하고 물었던 반찬 중 하나가 식혜였던 기억도 난다. 바닷가가 한참 먼 대구 사람들로서는 날생선과 무와 밥알과 고춧가루라는 괴이한 조합을 볼 일이 전혀 없을 테니. 어린 마음에 그 남다른 도시락 구성에 괜히 주눅이 들기도 했었으나 지금은 없어서 못 먹는다. 얼마나 맛있는데, 잘 알지도 못하면서!

* 사전을 찾아보니 내가 줄곧 '식혜'라 알고 불러왔던 반찬의 표준어 표기는 '식해'였다. '식해'는 남해안이나 서해안에는 없는, 동해안만의 식문화라고 한다.

생미역

둘째언니네 부부가 대구 부모님 집으로 놀러 오던 날, 어머니는 '우리 사위' 밥상을 잘 차려주겠답시고 엄청나게 큰 그릇에 생미역을 산처럼 쌓아 식탁 한가운데 올렸다. 그때는 별생각 없었다가 나중에 언니와 대화를 하면서 문득 그 상차림이 서울 출신 형부에게는 몹시 낯설었겠구나(!) 깨달았다. 가뜩이나 밥상에 항상 고기반찬이 올라오는 집에서 컸다는데, 갈비찜이나 쇠고기구이가 오를 법한 자리를 웬 해초 한 다발이 차지하고 있었으니 내심 얼마나 당황했을까.

어머니에게 싱싱한 갈색 생미역 한 대접이 그만큼, 갈비찜이나 쇠고기구이 한 대접 버금갈 만큼 귀하고 맛난 음식이라는 뜻일 테다. 당장 "울진 가면 뭐 먹고 싶어요?"라고 물어보면 "생미역…!"이라 답하시는 분이니. 어머니가 평소 생미역, 생미역 노래를 부르는 사람이란 걸 잘 아는 할머니는 제철이 되면 으레 장에 가서 미역 큰 묶음을 사다 놓고 전화를 건다. "니 미역 사놨으니 갖고 가라."

모전여전인지 나도 생미역이 좋다. 뻣뻣한 줄기를 오도오독 씹으면 쌉쌀하고 짭짤한 바다 맛과 향기가 입안에 확 퍼지는 게 좋다. 깔깔하니 떫은 뒷맛마저 좋다. 외가에 놀러 가 밥상에 생미역이 올라와 있으면 당장 어머니에게 전화를 걸어 생색을 내며 놀린다. "엄마! 나 지금 뭐 먹게요?" 놀리면서 생각한다. 아, 우리 어머니도 같이 와서 생미역 한 사발 실컷 먹고 가면 정말 좋을 텐데.

* 우리가 흔히 밥상에서 보는 녹색 미역은 익힌 미역이다. 건미역도 미역을 한번 데쳐서 말린 거라, 갈색 생미역(물미역)처럼 물씬 풍기는 바다 내음은 기대하기 어렵다.

그때
그 사람들

동네 마을회관 문을 열고 고개를 디밀면 못 보던 젊은 얼굴에 "국회의원 인사 왔나?" 순간 경계하는 눈초리를 보내다가도, 학생이고 여행 중이라고 하면 누그러진 목소리로 "여까지 말라 왔노? (여기까지 뭐 하러 왔냐?)"라면서 썩 들어와 앉으라 손짓한다. 볕을 쬐던, 농사를 짓던, 혹은 지나가던 동네 분들께 한두 마디 말을 붙인 것뿐인데 때론 그분들 댁에서 밥을, 커피를, 간식을 얻어먹었다. 낯 모르는 여행자를 선뜻 친손주처럼 반겨주신 울진 곳곳의 동네 할머니, 할아버지들. 동글동글한 추억만 쌓으며 별 탈 없이 한 해를 돌아다닐 수 있었던 건 모두 이 마음 따뜻한 분들 덕택이다.

오가며 스쳐 지나가는 인연일 뿐이라 치부하면서도 자꾸만 생각이 나서 몇 번 더 무턱대고 찾아뵀었던 분들도 있다. 금강송면 덕거리의 남계유 할아버지, 봉암농원 남명화 선생님이다. 흔쾌히 내 말동무를 해주고, 당신들 사는 모습을 보여주고, 때론 끼니 신세도 지게 해주었다. 신세라면 울진엑스포공원을 기웃거리다 우연히 만난 엑스포 직원 김진태 님께도 만만찮게 졌다. 울진이 부모님 고향이라 한 번 제대로 여행 다녀보고 싶었다고, 여행 다닌 이야기로 책도 쓰려고 한다는 내 얘기에 지역 이곳저곳을 손수 안내해주셨다. 특히 두메산골 중에서도 산골짝인 금강송면 한농마을

은 이분의 도움 없이 나 홀로 자전거로는 도저히 다녀올 엄두를 내지 못했을 거다.

다시 꼭 찾아뵙겠다고, 글 열심히 쓰고 있겠다고, 그리 떠나놓고 몇 해가 지나는 동안 나는 삶에 쫓기고 회사 일에 치인다는 핑계로 책을 내겠다는 결심 자체를 놓아버렸다. 그래서 한번은 이분들께 번갈아 전화가 걸려와 "책은 잘 돼가고 있습니까?" 묻는데 우물쭈물 "제가 너무 바빠서요……." 하고 얼버무리고 말았다. 그때 전화기 너머 들리는 "아……." 하던, 실망감을 애써 누르는 듯한 침묵. 그게 내내 마음에 맺혀, 결국 이렇게 쓰고 있다.

어영부영 10년이나 흘러버렸지만 그래도 약속 지켰다고 말씀드리고 싶은데. 직접 책을 선하면서 인사를 드리고 싶은데. 너무 늦어버렸나, 혹 노환으로 벌써 별세한 분들이 있지는 않나, 덜컥 겁이 난다. 부디 모두들 무탈하시길 바랄 뿐이다. 이제 10년 전 그때 만난 그 모든 동네 사람들의 사진을 인화해서 다시 울진으로 향하려 한다. 마을마다 집집마다 찾아뵈면서, 혹 어르신들이 안 계신다면 그 가족분들께라도, 10년 전 당신들의 모습, 10년 전 내게 베풀어주셨던 그 마음을 돌려드리고 싶다.

내 안에 남은 울진

죽변항이 한눈에 내려다보이는 언덕에서 동네 할아버지들과 죽치고 앉아 볕을 쬐던 오후. 미역을 쭉 널어놓은 고포마을 풍경에 홀려서 걷다가 경상북도와 강원도의 경계를 무심코 넘어 삼척에 다다른 줄도 모르고 한참 길을 헤맸던 사연. 울진군 체육관 앞에 모여든 붉은 악마들 틈에 섞여 흥을 불살랐던 2010년 대한민국 대 그리스 월드컵 응원의 밤. 이름이 고와서인가 시내버스 타고서 지나갈 적마다 어쩐지 마음 설레던 동네, 매화. 단옷날 평해에서 열린 씨름왕 대회에 얼쩡거리다 모르는 할머니를 따라 마찬가지로 모르는 할머니의 손자를 응원했던 순간. 내 안에 깊숙이 박힌 울진의 조각들.

위스키의 'ㅇ'도 모르는 주제에, 한번은 위스키 마니아인 친구를 따라 위스키 박람회에 갔다. 이 기회에 다양하게 맛보면서 네 취향을 찾아보라는 친구의 독려에 힘입어 열심히 시음을 했고, 박람회장을 나오며 각자 좋았던 위스키에 대해 이야기를 나누었다. 친구는 내가 꼽은 위스키 상품명을 쭉 듣더니 "넌 스모키한 위스키 취향이구나."라며 한마디 덧붙였다. "후각은 우리 뇌에서 기억을 담당하는 부위랑 바로 연결이 돼 있거든. 스모키한 위스키가 좋았다는 건 스모키한 향에 대한 좋은 추억이 있어서일 것 같은데, 실제로 그래?" 도시에서 나고 자란 데다 캠핑 다니는 취미도 없는 내가 훈연의 향을 느낄 겨를이 어디 있었겠나, 심드렁하다 불현듯

떠올랐다. 아, 나 어릴 적에 화성리 친가가 나무를 땠지. 아궁이 앞에 한참 쪼그리고 앉아 불구경을 했더랬지. 아궁이 위 가마솥에는 늘 뭇국이 한 솥 절절 끓었었지. 괜히 부지깽이로 장작을 들쑤시곤 했지. 열기에 못 이겨 밖으로 뛰쳐나오면 시린 시골 공기가 벌겋게 달아오른 얼굴과 양 정강이를 식혀줬었지. 까맣게 잊고 있었는데 그게 내 안에 이렇게 남아 있었구나.

울진이 나도 모르게 나를 이루는 조각이 되어 여기저기서 불쑥, 존재감을 드러낸다.

[01]

할 수 있는
일

친근한 장소가 낯선 얼굴을 한다. 10년 전 내 기억과 영 딴판인 오늘날 울진 곳곳의 풍경에 스멀스멀 두려운 상상이 피어오른다. 세월의 섭리로 언젠가 할머니가 떠나고 외갓집이 영영 사라지고 나면 그땐 정말 어쩌지. 외가라는 구심점 없이는 아마 여기에 지금만큼 자주 드나들지 못할 텐데. 가뜩이나 개발이 늦었던 동네라, 발길 뜸할 동안 이것저것 우후죽순 들어서며 빠르게 변할 테지. 그러다 보면 어느 순간 다르다 못해 서먹한 울진을 맞닥뜨릴까. 이방인처럼 불안하게 두리번대는 스스로를 발견할까. 내겐 이제 고향 같아진 이곳을 그렇게 툭, 잃게 될까.

4년 전, 어머니의 손을 붙들고 해 질 녘 온양국민학교*를 찾았다. 당신께서 교사로서 가장 치열하고 가슴 벅찬 나날을 보냈으나 이제는 폐교되어 교원 사택으로 쓰이고 있는 곳. 옛 추억 속 애틋한 학교와의 42년 만의 재회는 그러나 환희와 애수가 뒤끓는 감격의 현장이 될 거란 내 예상을 완전히 비껴갔다. 어둠이 내리기 시작한 교정을 차분히 둘러보던 어머니는 내내 별말씀이 없으시다가, 어땠냐고 캐묻는 내게 한참 만에 담담히 답했다. "허망하다. 학생 하나 없는 빈 학교가. 고향이라는 게 이제는 상상 속에만 있구나, 내 마음속에만 고향이 있구나, 싶다."

내 마음속에만 남은 고향. 쓸쓸한 그 말을 곱씹으며 온양행 버스에 오른다. 괜히 폐교 앞을 서성이다 잠잠하기만 한 사위가 야속해 얼른 옆 바닷가로 발길을 돌린다. 한결같은 파도 소리로 애써 시끄러운 속을 달래며 되뇐다. 잊을 때까지는 잃은 게 아니며, 잊지 않는다면 잃지 않는다고. 그러니 잊지 않도록 자꾸 써야 한다고. 어쩔 도리 없는 시간의 흐름에 맞서 할 수 있는 일이라곤 고작 그것이라고.

기록으로 기억을 붙들고, 기록으로 기억을 나눈다. 내가 알던 울진, 내가 사랑하던 울진의 면면이 글 속에서 내내 살아 있을 수 있도록. 글을 통해 다른 누군가에게도 혹 이곳이 못내 정겹고 그리운 고장이 될 수 있도록. 우리는 심지어 허구의 인물과 허구의 경험, 그리고 허구의 장소에 대해서마저 울고 웃을 줄 아는 존재니까. 겁내지 말고 쓰자. 겁낼 시간에, 자꾸 쓰자. 되뇐다.

* 온양국민학교 이야기

어머니는 이곳으로 밀려났다. 박정희 정부가 당신의 모교이자 첫 교사 발령지였던 울진국민학교를 '반공시범교육학교'로 지정하면서, 모든 교사들은 문교부 감사와 전국반공학습발표회에 대비해 기존의 학습지도계획안을 반공 사상에 맞춰 전부 새로 써내야 했다. 그 어마어마한 분량의 서류작업을 기간 내에 소화해 내려니 수업은 매번 뒷전이 돼야 했고, 기합 빡 들어간 새내기 교사였던 어머니는 '아이들을 그렇게 대충 가르칠 수 없다'며 뻗대다 교장실에 불려 다니고 미운털이 박혔다.

결국 1972년 다른 반골 교사들 몇몇과 더불어 전근 명령을 받아 쫓기듯 옮겨 간 옆 동네 온양국민학교. 당시로서는 다소 낙후된 지역에 자리한 데다 막 개교를 앞둔 터라 교사들의 손길 닿을 일이 태산인, 이른바 '험지'였다. 하지만 새 학교를 향한 온양 동네 사람들의 뜨거운 환대와 교사들을 어미 닭처럼 따르는 아이들이 험지가 험지만은 아니게 했다. 특히 넉넉지 않은 형편에도 늘 씩씩한 기운을 잃지 않던, 똘망똘망한 눈을 한 아이들은 선생으로서 뭐라도 하나 더 해주고 싶다는 생각을 절로 불러일으켰다.

재능이 있다 싶은 아이들을 방과 후에 따로 모아다 글짓기를 가르쳤고, 몇몇은 군에서 여는 백일장에도 내보내 당당히 특선시키기도 했다. 교내 유일한 여교사라는 구실로 첫 전교 학예회 준비를 홀로 떠맡게 됐을 때는 이왕 이렇게 된 거 아이들과 뭔가 특별한 일을 저질러보자 싶어 차이콥스키의 〈백조의 호수〉 발레 공연을 기획했다. 군에서 제일 잘나간다는 읍내의 울진국민학교에서도 '학예회 무용'이라고 하면 동요에 맞춰 간단한 율동이나 하던 시절이었음을 감안하면 대단한 패기였다. 양장점 주인을 불러다 주인공 백조 역할 아이의 튀튀를 맞추고, 기름 드럼통을 여럿 엮어서 기둥 삼은 뒤 그 위로 널빤지를 깔아 무대를 만들고, 어머니 나름대로 고안한 안무로 아이들을 가르쳐 선보인 발레 공연은 온양 전체를 말 그대로 뒤흔들어 놓았노라고, 당신은 자랑스레 추억한다.

하루하루 교사의 보람이라는 게 무언지 새롭게 배워갔던 2년여의 온양 생활 이후, 어머니는 인근의 진복국민학교로 또 대구의 몇몇 국민학교들로 전근을 다녔고, 결혼을 했으며, 1982년 교사 생활 13년 만에 퇴직했다. 세 딸 엄마 노릇과 첫째 며느리 역할에 꼼짝없이 붙들린 동안 세월은 '온양에 다시 한번 가보고 싶다'는 생각 한번 제대로 해볼 겨를조차 주지 않고 훅 지나가버렸다. 그러다 지난 2017년 가을, 겨우 하루 날을 잡고 남편과 막내딸과 함께 이제는 폐교된 이곳을 다시 찾았다. 자그마치 42년 만의 조우였다.

그해,
우리의 하루

눈을 뜬다. 몽롱한 상태로 기척을 살핀다. 할머니는 오늘도 벌써 마당에 나가 있구나. 한 번쯤은 아침 밭일을 거들 법도 한데, 생각만 하고 못 일어난 지 몇 달째다. 원인은 저혈압 10%에 게으름 90%. 어차피 난 농사 똥손이니까… 합리화하며 두 뼘 치 이불 위를 넓게 뒹군다. 어느덧 할머니가 방문을 열고 들어온다. "일어났나."

같이 아침밥을 차린다. 할머니가 다 만들고 담은 곁에다 수저나 놓으면서 생색내는 거다. 그래도 나지막한 밥상을 들어 부엌에서 안방으로 옮기는 일만큼은 내 몫이다. 할머니보다는 내가 기운이 세니까. 사실 할머니 혼자 먹을 밥상이면 애초에 이렇게 무거울 일이 없다. 다 나 먹으라고 냉장고 속까지 박박 긁느라 반찬 가짓수가 많아진 탓이지. "와, 맛있겠다, 잘 먹겠습니다!" 아침부터 한 일 없어도 음식은 배 속으로 술술 잘만 들어간다.

설거지도 당연히 내 차지다. 할머니 허리가 굽어갈수록 부엌 싱크대는 까마득하게 높아진다. 싱크대 상판에 양 팔꿈치를 기대야 겨우 허리를 펴고 서는 통에 설거지 한 번 하고 나면 팔꿈치가 아프다는 걸, 내 아무리 불효 손주지만 그 꼴은 못 본다. 그치만 매일매일 당연한 일을 두고서 우리는 매번 한 마디씩 부러 섞는다.

"할머니, 설거지는 내가 할게요."

"오냐, 니가 할래."

그릇을 다 헹굴 때쯤 방앗간 집 할머니가 놀러 온다. "커피 드릴까요?" 물어 놓고는 대답도 듣기 전에 그냥 전기주전자에 물을 올려버린다. 찬장에서 맥심 모카 커피믹스 네 개를 꺼낸다. 방앗간 집 할머니는 믹스 두 개 그대로, 우리 할머니는 프림은 되도록 덜 넣고 설탕 두 순갈 추가. 그리고 나는 몇 번은 같이 믹스도 먹고, 또 몇 번은 우리 할머니표 매실엑기스를 타 먹으며 익숙한 한 소리를 듣고 또 익숙한 한 소릴 건넨다.

"매실엑기스 뜨신 물에 타 먹는 게 뭐 맛이 있나?"

"아이고, 차게 먹어도 맛있고 뜨시게 먹어도 맛이 있습니다, 할머니가 담근 건데!"

두 분은 거실 테레비 앞에 앉고 나는 주섬주섬 하루 치 여행 짐을 챙긴다. 배낭 앞주머니에는 할머니의 '매직 워터' 매실엑기스 탄 찬물 한 병을 넣는다.

"다녀올게요!"

할머니가 현관문 밖까지 나와 배웅한다. 마당에 묶어 둔 자전거를 털레털레 끌고 집 앞 비탈길을 내려간다. 안장에 오르면서 집 쪽을 돌아보면 할머니가 여태 나를 지켜보고 있다. 손을 크게 흔든다. 할머니도 손을 크게 마주 흔든다. 목청을 다시 한번 높인다.

"다녀올게요!"

해가 꺾인다 싶으면 종일 쏘다니며 지친 다리를 추슬러 자전거 페달에 힘을 싣는다. 다 저물기 전 집에 도착해야 한다. 할머니가 괜한 걱정을 하는 게 싫다. 저 멀리 연한 갈색 타일을 입은 울진침례교회 첨탑이 보이면 다 왔다는 생각에 마음이 놓이고, 마지막 박차를 가해 뛰어들 듯 귀가한다.

"다녀왔습니다!"

"나리 왔나."

"네!"

"오늘은 어데까지 갔다 왔노."

"오늘은 저기 ○○리 갔다가 ○○리에도 갔다가……."

"이 불머스마*가 울진 이 모태기 저 모태기 자전거 끌꼬 다 돌아 댕기네. 나리 니 꼬추 달고 나왔으면 좀 좋나."

"아이고 됐심더, 요샌 딸이 훨~ 나아요."

땀을 씻고 퍼질러 눕는다. 부엌에서 달그락달그락 저녁 차리는 소리가 들린다. 거들어야지, 속으로 되뇌면서 등짝은 바닥에서 한참 떼지 않다가 겨우 수저나 좀 놓고 밥상이나 좀 든다.

"할머니! 너무 맛있다! 근데 오늘 있잖아요, ○○리에 갔을 때요……."

이런저런 수다를 떨며 뚝딱뚝딱 그릇을 비워 나간다.

부른 배를 부여잡고 KBS와 MBC 두 채널밖에 나오지 않는 안방의 코딱지만 한 고물 티브이를 같이 본다. 띄엄띄엄 보느라 미처 못 따라잡은 드라마 줄거리를 할머니에게 묻기도 한다.

"저 여자는 저 남자랑 왜 싸우는 거예요?"

"저 처자가 말따, 저 총각하고 서로 좋타꼬 연애를 했거든. 근데 저 처자네 어마이 자리가 사람이 아주 모질어. 그래서……."

밤이 익는다. 할머니가 먼저 "나리야. 자자." 하기도 하고, 할머니가 깜빡깜빡 조는 모습을 보고 "할머니, 불 끌까요?" 하기도 한다. 티브이를 끄고 형광등을 내리면 순식간에 고요한 어둠이다. 굽은 허리 때문에 항상 옆으로 눕는 할머니 곁에, 나도 옆으로 마주 눕는다. 괜히 할머니 손도 한 번 꾹 잡아본다. 안녕히 주무세요. 오냐. 잘 자.

*불머스마: '선머슴'의 울진 사투리.

접는 말

안녕, 울진

언제나 어디론가 떠나고만 싶어 했던 내게 처음으로 돌아가고 싶다는 생각을 품게 해준 이곳. 여기저기 정처 없이 헤맸지만 한편으로는 가족에게로, 가족의 이야기로 하루 한 발짝씩 부지런히 돌아가는 여정이었던 일 년. 이 모든 것을 가능하게 해준 세계 최고의 할머니, 아, 사랑하는 우리 할머니 김금자 씨에게 깊이 감사 인사드린다.

내 마음의 고향, 울진.

가장 사적인 울진 사진첩

 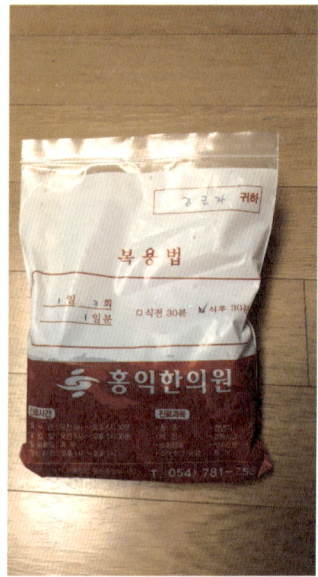

살림왕

약봉지 하나도 허투루 버리지 않는 김금자 할머니. 김장배추 크게 자라라고 미리 솎아낸 배춧잎을 데치다가 차곡차곡 접어 넣고 꽁꽁 얼린 뒤 큰딸네 앞으로 부치셨다. "국도 끓여 먹고 쌈도 싸 먹고 해라."

이정표

서면(금강송면)에만 해도 경치 좋은 산들이 쌔리뺐거늘, 생뚱맞게 웬 '알프스'장? 평소에는 제풀에 탐탁잖게 여기며 휙 지나쳐버리는 모텔인데. 자전거로 서면 산골짝 이쪽저쪽을 헤집다가 기진맥진 귀가하는 날엔 울진종합버스터미널 옆 저 빨간 간판이 이다지도 반가운 이정표다. 저기 알프스장이 보이니까, 이제 10분만 더 달리면 집이다. 조금만 더 가면 저녁 먹는다! 남은 힘을 쥐어짜 바퀴를 굴린다.

우리 집에 왜 왔개?

심심하게 집을 지키던 개들이 낯선 여행자를 향해 사납게 혹은 반갑게 짖는다. 제 영역을 침투한 이방인에 고양이들은 멀찍이서 경계하거나 다가와 고개를 부빈다. 외로운 여행길이 잠시 덜 외로워진다. 배낭 주머니를 뒤지며 조심스레 말을 건넨다. 나 쥐포 있는데 같이 먹을래?

유모차

마을회관이나 시장 한편에는 항상 낡은 유모차가 한두 대씩 주차돼 있다. 노인 전용으로 나온 보행기와 달리 차양이 달려 있는 모습에 한때 낯모를 어린 얼굴 위로 드리웠을 은은한 그늘 따위도 떠올려본다. 누구였을까, 손주였을까, 혹은 이웃집 아이였을까. 걸음 서툰 젖먹이를 태우고 부지런히 마실을 다니다 어느덧 버려졌던 유모차가, 걸음 서툰 할머니들의 보행기로 제 쓰임을 새로이 찾아 마을회관으로, 시장으로 다시 마실을 나와 있다.

새점 버스정류장 옆 슈퍼의 평상

내리막 산길을 향해 탁 트인 너른 평상에, 굴비처럼 엮어 나무에 늘어뜨려 둔 병따개. 여기 대자로 누워 맥주 한 병을 시원하게 까 먹어 봤어야 하는 건데. 서면에는 늘 자전거를 끌고 왔던 터라 음주를 못 하는 바람에 그 풍류 한 번 제대로 즐기지 못한 게 입때껏 아쉽다.

사랑하는 울진바다

살다가 마음이 뒤숭숭해질 적엔 핸드폰 앨범을 뒤적여 울진바다 사진들을 본다. 짙푸르고 시푸른 한 장, 한 장을 넘기며 기억 속 세찬 바람과 비릿한 짠내, 천둥 같은 파도 소리를 되짚는다. 동해바다 풍경이 다 거기서 거기 아니냐고, 사진만 놓고 봐서는 여기가 강릉바다인지 속초바다인지 알 게 뭐냐고 따지고 든다면 할 말은 없지만, 그래도 내 눈엔 달라. 무릇 사랑에 빠지면 흔해 빠진 것도 사뭇 특별해 보이는 법이잖아. 나는 종종 죽고 나면 가루 한 줌이 되어 이 바다에 뿌려지고 싶다는 생각을 한다.

함박눈

60년대 초까지만 해도 울진이 강원도 소속이었다는데, 이 정도로 눈이 많이 올 거 같으면 요새도 겨울철 동안만큼은 잠시 강원도로 다시 편입시켜줘야 되지 않나? 몇 년에 한 번 눈이 뿌릴까 말까 하는 내륙 분지 대구 출신은 함박눈 퍼붓는 울진의 겨울이 매번 신기해 매번 실없는 상상을 한다.

이노무 불머스마

이노무 불머스마가 매일 어딜 싸돌아댕기나. 할머니는 이따금 내가 펼쳐놓은 지도를 들추며 구경한다. (옆에 맥주는 내가 마셨다.)

세 가지 색

전국에서 제일 길다는 평해 백일홍 꽃길. 내게는 무르익은 꽃색과 더불어 벼가 익는 들판의 색, 그리고 교통표지판과 트럭과 아무개 씨의 모자의 푸른색이 묘한 조화를 이루던 어느 초가을 날의 한 장면으로 강렬하게 남아 있다.

조금 덜 사적인 울진 이야기

강원도와 경상북도의 경계에 위치한 울진은 경상북도 최동북단에 있다. 인근 큰 도시인 강릉, 포항과는 각각 100km가량 떨어져 있다.

〈경상북도〉

2개읍 8개면. 이번 여행의 진지를 구축했던 외가는 울진읍에 있다. 울진군청부터 군내 유일한 종합병원인 울진의료원도 있는 명실상부 울진군의 중심지다.

울창한 보배, 울진

· 이름의 뜻 : 울창한 보배 (蔚珍. 울창할 울, 보배 진.)
· 인구와 면적 : 2019년 기준 4만7천6백 명, 989.44㎢. 참고로 서울시 은평구 역촌동의 인구와 면적이 2019년 기준 4만8천4백여 명, 1.16㎢이다. 두 지역의 인구밀도를 계산해보면 울진군에는 1㎢당 약 48명이, 은평구 역촌동에는 1㎢당 약 4만1천8백2명이 살고 있어 약 836배의 밀도 차를 보인다.
· 잘나가는 특산물 : 울진 대게, 울진 송이, 고포 미역 등
· 보통 많이 찾는 관광지 :
  금강송군락지(금강소나무 원시림 보존 지역)
  망양정·월송정(송강 정철의 관동8경 중 2경)
  성류굴(2억 5천년 전 생성된 석회석 동굴)
  덕구온천(국내 유일의 자연용출 온천)
  불영계곡(길이 15㎞에 이르는 깊고 험준한 계곡)

※「조금 덜 사적인 울진 이야기」에 수록된 내용은 울진군청 홈페이지를 참고하였습니다. 울진군청 홈페이지에서는 울진관광지도를 pdf로 다운받을 수 있고, 다양한 여행지를 추천하고 있으니 울진 여행을 하는 분들은 이용하셔도 좋습니다.

주관적으로 추천하는 여행지

하원리 (불영계곡에 자리 잡은 양지바른 마을)

진복리 (한적한 날것의 바다가 있는 어촌)

남대천(하류 은어다리 근처가 일몰은 최고)

해월헌(단정한 아름다움의 평해 황씨 종택)

보름 밤 망양정(소나무 사이로 엿보이는 바다에 비친 보름달과 오징어배 불빛)

울진 5일장(소박하고 정겨운 장터)

도움 주신 분들
김금자 전중기 노중국 노미리 이아람 김혜진 김선문

가장 사적인 한국 여행 01: 경상북도 울진군
내게도 돌아갈 곳이 생겼다

초판 1쇄   2021년 8월 31일
지은이   노나리

기획·편집   김화영   모니터 도상희
마케팅   어쩌면 이 책을 읽은 누군가
디자인   경놈

펴낸이   김화영
펴낸곳   책나물
등록   제2021-000026호(2021년 3월 8일)
이메일   booknamul@daum.net
블로그   blog.naver.com/booknamul
인스타그램 @booknamul

ISBN 979-11-974142-1-3 03810

ⓒ 노나리, 2021
이 책은 저작권법에 따라 보호받는 저작물이므로 무단전재와 무단복제를 금하며, 이 책 내용의 전부 또는 일부를 이용하려면 반드시 저작권자와 책나물의 서면 동의를 받아야 합니다.